Ulrich Schaffer

Wege

Kaufmann Verlag

Wege

Auf dem „Weg" zu sein gehört zu den elementarsten Erfahrungen des Menschen. Wir alle erleben uns als „Wanderer", die unterwegs sind. Wir freuen uns, wenn die Wege gerade und eben verlaufen. Wir leiden, wenn wir in Sackgassen geraten und gezwungen sind umzukehren. Wir zweifeln an uns selbst, wenn wir erkennen, dass wir einen Irrweg gegangen sind. Manche Wege empfinden wir als Umwege, als Abwege oder als letzte Auswege. Viele von uns gehen in die Beratung, um ihren ganz eigenen, einmaligen Weg zu finden. Viele glauben, dass Gott ihren Weg vorgezeichnet hat, und schöpfen daraus Kraft und Lebenssinn.

Manchmal, in dunklen Tagen, fragen wir uns, wohin der Weg führt, auf dem wir unterwegs sind. Wir würden gern in die Zukunft sehen. Doch dann bekommen wir Angst und sind froh, wenn wir nur den nächsten Schritt hinter uns bringen. Wir fragen uns, ob unser Weg noch weiter hinabführen wird oder ob es bald wieder aufwärts geht. Wie sind wir auf diesen Weg geraten? Wir weigern uns weiterzugehen, brechen aus, lassen den angefangenen Weg hinter uns, laufen querfeldein, um neue Wege zu suchen.

Später erkennen wir, dass gerade das Umherirren und Suchen zu unserem Weg gehörte. Wir staunen über die Weisheit, die uns geführt hat. Wir entdecken das Geheimnisvolle unseres Weges.

Weg ist Leben, Leben ist Weg, ist Bewegung. Wir können nicht stehen bleiben. Aber wir können uns Gedanken darüber machen, wohin wir gehen wollen, welches Ziel wir haben. Dann werden wir unseren Weg bewusster gehen.

ulrich schaffer

Tausend Mal

Tausend Mal habe ich vor Entscheidungen gestanden
und mich gefragt, wo es langgeht.
Oft habe ich das Risiko gewählt,
bin mutig gewesen und habe etwas gewagt.
Manchmal konnte ich mich nicht entscheiden,
und habe das Leben
für mich wählen lassen.
Die Zeit hat Wege geöffnet
oder verschlossen.

Auf jedem eingeschlagenen Weg
gab es bald wieder neue Entscheidungen zu treffen:
Wieder war da eine Abzweigung,
ein neues Risiko,
eine größere Unsicherheit,
und die Frage nach dem Sinn
sprang mich wieder an.

So habe ich gelernt,
dass ich immer unterwegs bin.

Ein Abenteuer

Mein Weg wird nicht immer bequem sein.
Ich muss innere Kontinente durchqueren,
Ängste und Situationen bewältigen,
mich den Hindernissen stellen,
denen ich immer wieder ausgewichen bin.

Ich werde mich klein und verloren fühlen,
ich werde bangen
und die Unsicherheit des Lebens spüren.
Aber es liegt an und in mir,
diese Wege mit schöpferischer Kraft zu gehen,
auch aus den schwersten Wegen
ein Abenteuer des Reifens
und vielleicht sogar des Glücks zu machen.

Etwas hinter uns lassen

Einen Weg zu gehen,
heißt wegzugehen.
Wer neue Wege gehen will,
muss bereit sein,
die alten zu verlassen.

Wenn sich keine neuen Wege
unter unseren Schuhsohlen auftun,
kann es daran liegen,
dass wir nicht loslassen können.

Was wir hinter uns lassen,
macht uns frei, nach vorne zu gehen.

Mit der Kraft unserer Träume

Bist du bereit,
ein Stück Weg mit mir zu gehen?
Dieses Tal würde ich nicht gern allein durchqueren.

Es ist eines der schönsten Erlebnisse,
das wir haben können,
einen Weg gemeinsam zu gehen –
uns gegenseitig zu helfen, herauszufordern,
zu warnen, zu ermuntern
und so die mühsamen Kilometer zurückzulegen.
Von Zielen zu träumen,
mit der ganzen Kraft unserer Träume,
und dabei doch die kleinen Schritte zu machen,
die nötig sind, um das Ziel zu erreichen.

Der Weg zu dir

Der Weg zu dir
ist mit Dornen des Ärgers zugewachsen.
Wir haben es geschehen lassen.

Der Weg zu dir
ist durch tödliche Langeweile verschlossen.
Einsatz würde ihn wieder öffnen.

Der Weg zu dir
ist nicht derselbe wie gestern.
Eine neue Wahrnehmung gibt uns eine neue Chance.

Mein Weg zu dir
liegt in mir.
Ich räume ihn frei.

Dein Weg zu mir
liegt in dir.
Willst du mich finden?

Umwege?

Vielleicht gibt es keine Umwege.
Vielleicht sind Umwege Wege,
die wir gehen müssen,
damit wir uns klar darüber werden,
worauf es ankommt.
Haben wir nicht gerade auf den Umwegen gelernt,
was unser Weg ist?

Vielleicht sind alle Wege gleich wichtig.
Unterschiedlich ist nur,
wie wir sie gehen.
Der tiefe Sinn eines jeden Weges
erschließt sich in unserem Herzen.

Alles ist Weg,
wenn du bewusst lebst.
Alles ist Weg,
wenn du nicht stillstehst.

Mein ganz eigener Weg

Ihr habt mir einen Weg vorgeschlagen,
auf dem ich nicht weiterkomme.
Mit jedem Schritt gerate ich weiter ab von meinem Weg.
Ich werde mir fremder,
ich durchquere Landschaften, in denen ich nicht sein will,
ich denke Gedanken, die ich nicht füllen kann,
ich komme in Situationen, die ich nicht liebe.

Euer Weg ist ein fremder für mich.
Es mag euer Weg sein,
eure Erfüllung und euer Glück.
Aber er ist nicht meiner.
Ich habe Sehnsucht nach mir
und der Einmaligkeit meines Weges.

Der nächste Schritt

Selten ist ein Weg von Anfang bis Ende immer sichtbar.
Oft sehen wir nur den nächsten Schritt.
Vielleicht würden wir sonst überwältigt sein von dem,
was vor uns liegt.
Unsere Kurzsichtigkeit ist auch eine Gnade.

So wird unsere ganze Kraft frei für den nächsten Schritt,
für die Aufgabe der Stunde und des Tages.
Wir konzentrieren uns auf den Moment,
der zu bewältigen ist,
auf den Augenblick,
der so viele Möglichkeiten in sich birgt,
auf die Verwandlung der Schwere in Leichte,
auf das gefüllte Wort
und die Bedeutung eines einzigen Blicks.

Und am Ende des Tages, des Jahres,
am Ende eines Lebensabschnitts,
und am Ende des ganzen Lebens
bilden die vielen Schritte
einen unnachahmlichen Weg,
der nur unseren Namen tragen konnte.

Die Wahl

Dieser Weg ist steil.
Er führt mich schneller zum Ziel.

Dieser Weg ist nicht markiert.
Ich gehe ihn als Erster.

Dieser Weg ist zugewachsen.
Ich muss mich durchschlagen.

Dieser Weg ist überlaufen.
Auf ihm finde ich keine Ruhe.

Dieser Weg ist lang.
Ich entdecke meine innere Stärke.

Dieser Weg ist zu eng für zwei.
Ich muss ihn allein gehen.

Dieser Weg ist nicht mein Weg.
Ich lasse ihn links liegen.

Zwei Wege

Manchmal bietet uns das Leben zwei Wege an.
Hier können wir so leben
und dort ganz anders.
Auf einem Weg erneuern wir uns,
auf dem anderen werden wir leer.

So versuchen wir, beide Wege zu gehen
und zerreißen uns selbst.
Hier gehen wir aufrecht
und dort gebückt,
hier ehrlich
und dort am Rand der Lüge entlang.

Wir sind aus einem Stück gemacht.
Wir können nicht zwei Wege zugleich gehen,
ohne uns dabei selbst zu schaden.

Nicht der Weg eines anderen

Ich will aufhören,
nach den Wegen anderer zu schielen.
Dort scheint es jemand leichter zu haben
und woanders ist einer angesehener.
Dort scheint alles zu passen
und bei jenem stellt der Erfolg sich ein.

Jeder Weg trägt in sich Trauer und Glück,
Herausforderung und Belohnung.
Und nichts macht uns so unglücklich,
wie den Weg eines anderen zu gehen,
der nur für diesen Menschen geeignet war.
Ich will nicht Fremdes übernehmen,
nur weil ich noch nicht den ganzen Reichtum
meines eigenen Weges entdeckt habe.

Nach Hause kommen

Gott,
hilf mir, meinen Weg echt und ehrlich zu gehen.
Ich will nicht leuchten, nicht auffallen,
nicht glänzen und beeindrucken.
Ich will nur ein Mensch sein,
der seinen Weg entdeckt hat
und gewagt hat, ihn zu gehen,
trotz aller Hindernisse.
Mehr kann ich nicht von mir erwarten.

Wie ein roter Faden
in allem, unter allem,
erkannt und verkannt
ist Gott der Weg,
auf dem ich mich befinde.
Ich komme nach Hause.

Der letzte Weg

Vielleicht
ist auch
der Tod
ein Weg.
Unsicher ist da unser Schritt,
ängstlich das Verharren, unklar das Ziel.
Aber vielleicht ergeht es uns im Tod nicht anders
als in den Zeiten großer Veränderungen,
die wir mit Unsicherheit und Bangen erlebt haben.

Wie wir verwandelt wurden
vom Kind zum Jugendlichen,
und dann zum Erwachsenen:
Vielleicht ist auch der Tod nichts anderes
als eine letzte Verwandlung.
Wie aus Unreife umsichtiger Einblick wurde
und aus Unklarheit Klarheit:
Vielleicht steht uns etwas Ähnliches bevor.

Vielleicht ist der Tod
das letzte große Abenteuer.
Wir brauchen uns nicht zu fürchten.
Der Weg hört auch da nicht auf.

30

1. Auflage 2008 · © 2008 by Verlag Ernst Kaufmann, Lahr
Dieses Heft ist in der vorliegenden Form in Text und Bild urheberrechtlich geschützt.
Jede Verwertung ist ohne Zustimmung des Verlags Ernst Kaufmann unzulässig und strafbar.
Dies gilt insbesondere für Nachdrucke, Vervielfältigungen, Übersetzungen, Mikroverfilmungen
und die Einspeicherung und Verarbeitung in elektronischen Systemen.
Printed and bound by Leo Paper, China
Text und Fotos: Ulrich Schaffer
ISBN 978-3-7806-1219-9